知りたい！ 日本の 伝統音楽

②見てみよう！ 日本の伝統楽器

監修／京都市立芸術大学 日本伝統音楽研究センター

ミネルヴァ書房

はじめに

　　統音楽とは、その国や地域の歴史や文化、風土のなかではぐくまれてきた音楽のことです。日本の伝統音楽は、いちばん古いもので、1300年も前から受けつがれているといいます。そんなに長いあいだ、失われることなく伝えられてきたというのは、世界でもめずらしいといわれています。また、日本の伝統音楽のなかには、能や歌舞伎といった、演劇的な舞台の伴奏音楽として、大きく発展したものもあります。それらは日本を代表する伝統芸能として、世界から注目されています。

　　代の日本では、日常のくらしのなかで伝統音楽と出会う機会がほとんどありません。でも、夏祭りの盆おどりの輪に入り、むかしからうたいつがれてきた民謡にあわせて自然とからだが動きだしたり、神社の祭りで笛や太鼓の音を耳にして、心がワクワクしてきたりする、そんな経験はないでしょうか。

　　の「知りたい！　日本の伝統音楽」シリーズは、次のように全3巻で構成し、日本の伝統音楽をさまざまな面から取りあげていきます。

①調べよう！　日本の伝統音楽の歴史
②見てみよう！　日本の伝統楽器
③受けつごう！　伝統音楽の今後

　　の本を読んで、みなさんが日本の伝統音楽を身近なものとし、伝統音楽について興味をもち、どんどん調べていってくれることを願っています。

もくじ

この本の使いかた

もっと知りたい！ よりくわしい内容や、関連するテーマを紹介。

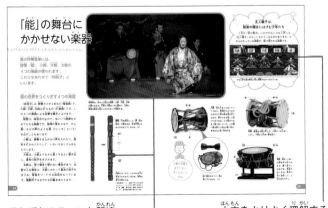

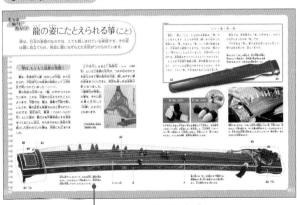

それぞれのテーマと関連のある写真や絵図を掲載。

本文をよりよく理解するための情報を紹介。

楽器の写真説明の最後にある［N］は、写真提供者の略称。正式名は奥付に掲載。

日本の楽器は、種類がいろいろ

このシリーズ1巻では、
日本の伝統音楽の歴史や特徴に
ついて見てきました。
この巻では、日本の伝統音楽で
使われている楽器について、
くわしく見てみましょう。

身近にある日本の楽器

　日本の楽器というと、三味線、箏（こと）、尺八、琵琶などを思いうかべる人が多いでしょう。でも、バイオリンやピアノなどに代表される西洋の楽器にくらべると「よくわからない」という人も少なくありません。それでも、盆おどりや祭り囃子に登場する太鼓や鉦や笛など、身近なところに日本の楽器と出会う機会が多くあるのです。

どんな音が
するのかな。

日本生まれだから「和楽器」？

　西洋音楽に使う楽器を「洋楽器」、日本の伝統的な音楽に使う楽器を「和楽器」とよぶことがあります。和楽器は、「和食」のように日本で生まれたものだろうと考えるかもしれません。でも、その多くが、中国や朝鮮半島をへて伝えられたものなのです。大陸でつくられた楽器が日本に伝わり、長い歴史のなかで変化したり、枝分かれしたりして、多くの種類の楽器が生みだされてきました。

ひきもの、ふきもの、打ちもの

　音が出るしくみによって楽器を分類すると、弦楽器、管楽器、打楽器に分けることができます。日本でもむかしから、それぞれ「ひきもの（弦楽器）」、「ふきもの（管楽器）」、「打ちもの（打楽器）」として、分類されてきました。どんな楽器があるか見てみましょう。

和楽器	
ひきもの （弦楽器）	弦をはじいて音を出す楽器。 箏、琵琶、三味線など。
ふきもの （管楽器）	ふいて音を出す楽器。 篠笛、龍笛、能管、篳篥、尺八など。
打ちもの （打楽器）	打って音を出す楽器。 鞨鼓、楽太鼓、長胴太鼓、締太鼓、鉦鼓、当たり鉦、小鼓、大鼓など。

どんなふうに演奏するのだろうね。

大むかしからある
日本の楽器

●槽づくりの琴

●板づくりの琴

写真提供：
静岡市立
登呂博物館

●やまと琴

頭部

写真提供：守山市
教育委員会事務局

日本の楽器は、大陸からやってきたものが多いですが、コト、フエ、タイコといった楽器は、大むかしから日本にあったことがわかっています。

大むかしの人たちも音楽を楽しんでたのかな。

うもれていた楽器

　日本では、古くから神さまや祖先をまつる祭典や、もてなしの宴、死者をとむらう儀礼の場などで、歌や舞がおこなわれてきました。そのときの伴奏に、いろいろな道具が使われています。弥生時代[1]や古墳時代[2]の遺跡からは、伴奏に用いられた道具や、演奏しているすがたの埴輪[3]などが出土しています。

＊1 紀元前3世紀ごろから紀元後3世紀ごろまでのあいだ（紀元前10世紀をはじまりとする説もある）。米づくりがはじまり、人びとは力をあわせて豊作をいのる祭りをおこない、村としてのまとまりを強めていったと考えられている。

＊2 古墳は、王や、えらい人たちのお墓のこと。3世紀後半から7世紀にかけてたくさんつくられたので、この時代を古墳時代とよぶ。

＊3 古墳の上やまわりにならべられた焼き物のこと。死者のたましいを守ったり、しずめたりするものと考えられている。

古墳時代の遺跡から出土した琴をひく男子の埴輪。（福島県西白河郡泉崎村原山1号墳出土）

写真提供：福島県立博物館

両手の指でひいているように見えるね。

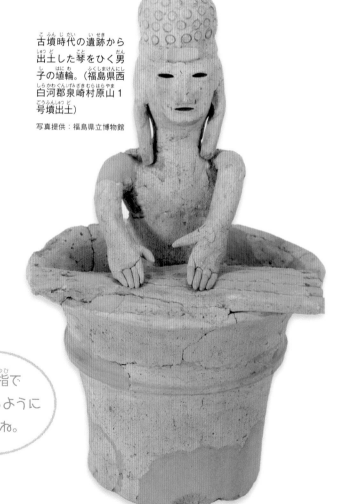

写真提供：
静岡市立
登呂博物館

復元された「槽づくりの琴」。

写真提供：静岡市立登呂博物館

上のふたつは、登呂遺跡から出土した「槽づくりの琴」（全長83cm、幅18.6cm、厚さ1.9cm）と「板づくりの琴」（全長42.5cm、幅9.8cm、厚さ12cm）。どちらも尾部に弦をとめるためと考えられる突起がある。いちばん下は、滋賀県守山市の服部遺跡から出土した「やまと琴」（全長118cm、尾部幅29cm、厚さ10.5cm）。楽器本体とともに4つの「柱」も見つかっている。

静岡県にある登呂遺跡は、弥生時代後期の1世紀ごろの集落といわれている。遺跡内には住居や水田などが復元されていて、当時のようすが感じられる。

写真提供：静岡市立登呂博物館

日本固有のひきもの「和琴」

「和琴」とは、弥生時代や古墳時代にかけての遺跡から出土した琴を起源とする楽器で、日本固有のひきもの（弦楽器）といわれています。

現在知られている和琴と箏（→12ページ）とは、楽器のかたちや奏法（ひき方）がちがいます。箏は奈良時代に大陸から伝わってきた楽器ですが、和琴は日本に古くからありました。

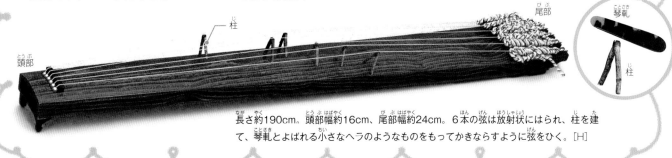

長さ約190cm。頭部幅約16cm、尾部幅約24cm。6本の弦は放射状にはられ、柱を建て、琴軋とよばれる小さなヘラのようなものをもってかきならすように弦をひく。[H]

「雅楽」で
使われる楽器

宮廷音楽として発展した「雅楽」*は、
奈良時代のころにはじまる
日本の伝統音楽のことです。

多くの楽器は大陸から伝来

　雅楽で使われる楽器は、奈良時代に中国
（唐）から伝わってきたとされています。それ
より前に、日本古来の儀式用の歌や舞には、日
本独自の楽器（和琴→7ページ、神楽笛→写真右上、など）が
使われていました。雅楽で日本古来の歌舞の伴
奏を演奏するときには、日本の楽器と外来の楽
器のどちらも使われています。

「ふきもの（管楽器）」

　「ふきもの」には、横笛とたて笛があります。
　横笛には3種類あり、長いほうから、神楽
笛、龍笛、高麗笛といいます。演奏する曲目に
よって使われる笛が決まっていて、雅楽の主旋
律を担当します。
　たて笛は、篳篥と笙の2種類。篳篥は、音量
が大きく、音にも変化をつけられるので、合奏
のときには主旋律を担当します。笙は、オルガ
ンのようなやわらかい音を出し、おもに和音を
かなでます。

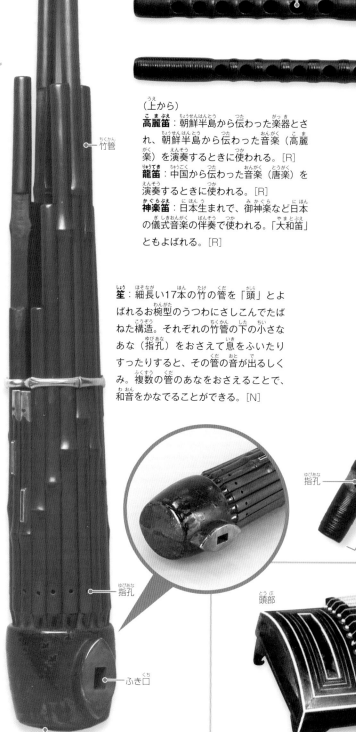

指孔（音の高さをかえるためのあな）

竹管

（上から）
高麗笛：朝鮮半島から伝わった楽器とさ
れ、朝鮮半島から伝わった音楽（高麗
楽）を演奏するときに使われる。[R]
龍笛：中国から伝わった音楽（唐楽）を
演奏するときに使われる。[R]
神楽笛：日本生まれで、御神楽など日本
の儀式音楽の伴奏で使われる。「大和笛」
ともよばれる。[R]

笙：細長い17本の竹の管を「頭」とよ
ばれるお椀型のうつわにさしこんでたば
ねた構造。それぞれの竹管の下の小さな
あな（指孔）をおさえて息をふいたり
すったりすると、その管の音が出るしく
み。複数の管のあなをおさえることで、
和音をかなでることができる。[N]

指孔

指孔

頭部

ふき口

頭

*日本の伝統音楽でもっとも古い音楽。大陸の影響を受けてかたちづくられ、歌や舞をともなわない器楽合奏（楽器のみの演奏）の「管絃」、音楽ととも
に舞う「舞楽」、楽器の伴奏をつけた「催馬楽」「御神楽」などの「歌物」の3つの演奏形態がある。

「ひきもの（弦楽器）」

　雅楽で使われる琵琶は、後世のものと区別するために「楽琵琶」とよばれます（→22ページ）。複数の弦を、ばちでならすのが基本奏法です。旋律をかなでるのではなく、ばちで弦を打つように演奏します。

　箏も、後世に生まれたタイプのもの（「俗箏」）と区別するために「楽箏」とよぶことがあります（→12ページ）。右手の親指、人さし指、中指に竹のつめをはめ、琵琶と同じく、リズムをきざむように演奏します。

歌口（息をふきこむためのあな）

楽器の琵琶と
くだもののびわって
なにか関係
あるのかな？

蘆舌

くだもののびわは、
実のかたちが楽器の琵琶に
似ているからつけられた
名前なんだって。

くだ管

ひちりき：竹の管の上部に、葦からつくられた蘆舌（リード／息をふいて振動させると音が出るしくみ）をさしこんで演奏する。[N]

楽琵琶：いろいろな種類の琵琶（→22ページ）のなかでもっとも大きく、全長約100cm。[H]

ばち [H]

柱

つめ [N]

尾部

楽箏：かたちは後世に生みだされた箏（こと→12ページ）とほとんど同じだが、指にはめるつめがことなり、弦も太いものを使う。[H]

雅楽の「打ちもの（打楽器）」

　雅楽で用いられる「打ちもの」は、鞨鼓、太鼓、鉦鼓です。この3つをまとめて「三鼓」といいます。

　鞨鼓は、雅楽合奏の指揮者のような存在で、曲の終わりを合図したり、曲の速度を整えたりする役割をにないます。

　太鼓は、片面のみを打つもので、合奏では、リズムパターンの大きな区切り目をしめします。

　鉦鼓は、雅楽ゆいいつの金属楽器です。ばちを鉦の凹面の中央ですりおろすように打つことから「打つ」ではなく「摺る」といういい方が用いられます。合奏では、リズムパターンの小さな区切り目をしめします。

　これらのほかに、三ノ鼓とよばれる打ちものもあります。高麗笛（→8ページ）と同じように、朝鮮半島の音楽を演奏するときに使われます。

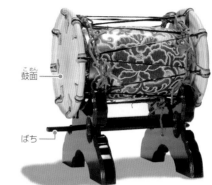

鞨鼓：台の上に乗せて演奏者の前に横むきに置き、両手にもったばちで、両方の面を打つ。[R]

鼓面
ばち

鼓面

三ノ鼓：鞨鼓とはことなり、ばちは右手だけにもち、片方の面しか打たない。[R]

太鼓：ほかの太鼓と区別するために「楽太鼓」ともよばれる。舞楽などに使われる「大太鼓」と、管絃などに使われる「釣太鼓」がある。写真は釣太鼓。[R]

革面
ばち

楽器のもようがあざやかだね。

鉦鼓：「鼓」という文字がついているが、かねの一種。舞楽などに使われる「大鉦鼓」と、管絃などに使われる「釣鉦鼓」がある。写真は釣鉦鼓。[R]

鉦
ばち

「管絃」の演奏方式

　「管絃」は、舞を入れずに演奏だけをおこなう器楽合奏のことです。通常は、笙、篳篥、龍笛の3種のふきもの、琵琶、箏の2種のひきもの、そして太鼓、鞨鼓、鉦鼓の3種の打ちものによる組みあわせでおこなわれます。

ふきものによって、いろんなふき方があるんだね。

龍笛　　篳篥　　笙

管絃の演奏のようす。[R]

箏　　鉦鼓　　箏　　太鼓　　琵琶　　鞨鼓

龍の姿にたとえられる箏（こと）

箏は、日本の楽器のなかでは、とても親しまれている楽器です。その姿は龍に見立てられ、各部に龍になぞらえた名前がつけられています。

箏は、もともと高貴な楽器！

箏は、奈良時代に唐（むかしの中国）から伝えられ、平安時代には雅楽の楽器として上流社会で用いられていました（→9ページ）。

箏の各部の名称には、「龍」の字がつけられています。これは、中国から伝えられたことによります。中国では、龍は、高貴で万能で美しいとされ、箏の音色も高貴なものと思われていたのです。室町時代、賢順（1534?〜1623?年）という僧が、箏だけを伴奏楽器とする音楽をつくることに成功。それまでおもに雅楽の楽器として使われていた箏は、民間にも広まりました。

江戸時代になると八橋検校（1614〜1685年）という三味線の名手が、つめや柱のかたちを変化させて箏の音色を改変。親しみやすい箏の音楽をつくりだすと、庶民も楽しめる音楽分野となりました。

八橋検校が考案した箏を、それ以前の箏と区別して「俗箏」とよぶこともあります。

江戸時代前期の音楽家・八橋検校の肖像。

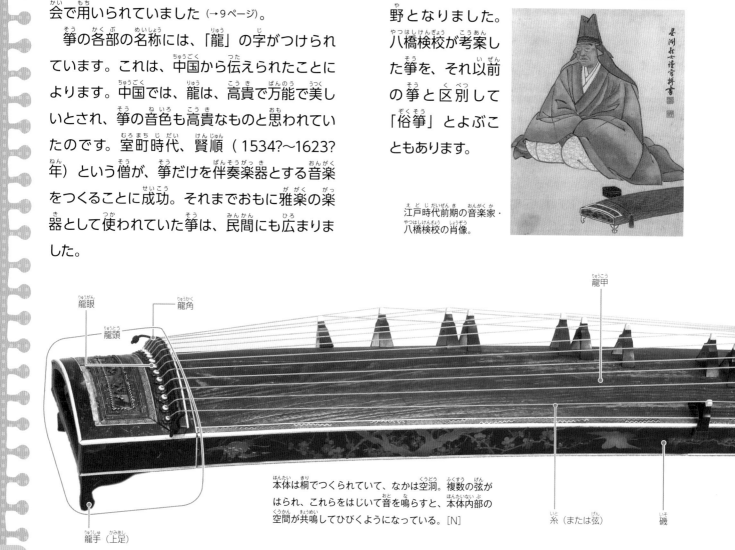

龍眼　龍角　龍甲
龍頭
龍手（上足）
糸（または弦）　磯

本体は桐でつくられていて、なかは空洞。複数の弦がはられ、これらをはじいて音を鳴らすと、本体内部の空間が共鳴してひびくようになっている。[N]

コト・箏・琴・琴

現在、一般に「こと」とよばれる楽器は、「箏」のことをさします。ところが中国（唐）から伝わった楽器には、「箏」のほかに「琴」という別の楽器もあり、平安時代の前期ごろまでは、それぞれ「箏のコト」「琴のコト」とよんでいました。日本の古いことばでは、絃楽器をすべてコトとよんでいたからです。

ところが平安時代後期以降、琴が演奏されなくなると、コトといえば箏だけをさすようになり、そのうちに、コトに「琴」の字をあてるようになりました。

現在では、常用漢字に「箏」の字がなく、かわりの文字となったのが「琴」です。

下の写真は「琴」。箏では柱を用いるのに対して、琴では柱を用いず、弦も7本です。

箏のような「つめ」は使わず、指で内側や外側に弦をはじいて音を出す。左手指で弦を押さえる場所をかえることで、さまざまな音を出す。[N]

尾部　頭部

角づめ（生田流）

丸づめ（山田流）

江戸時代に生まれ今日まで伝わる箏曲の二大流派に、生田検校（1656～1715年）が創始した「生田流」と、山田検校（1757～1817年）が創始した「山田流」があり、流派によって、使うつめのかたちと、ひくときの姿勢、基本的な奏法がことなる。

演奏するときには、「つめ」を右手の親指と人さし指、中指にはめ、弦をはじいて音を鳴らす。ひく位置は龍角から2～3cmはなれたところ。左手は柱の左側の弦をおしこんだりしてピッチ（音の高さ）をかえるなどの役割をはたす。

雲角

龍尾

音の高さは「柱」を移動させて調節する。演奏者から見て右に移動させると音が高くなり、左に移動させると低くなる。

柱

龍趾（下足）

「能」の舞台に かかせない楽器

能の伴奏音楽には、
能管（笛）、小鼓、大鼓、太鼓の
4つの楽器が使われます。
これらをあわせて「四拍子」と
いいます。

能の世界をつくりだす4つの楽器

「四拍子」は、能管だけがふきもの（管楽器）で、小鼓、大鼓、太鼓は打ちもの（打楽器）です。この4つの楽器による合奏を囃子とよびます。

能管は、四拍子のなかで、ゆいいつ旋律をかなでられる楽器です。独特の音をかなで、かん高いさけび声のような音（「ヒシギ」という）を出すこともあります。

小鼓は、演奏する人がかけ声を入れたり、音色を打ちわけたりして、いろいろなリズムをもたらします。

大鼓は、小鼓よりもかん高くするどい音を出し、基本の拍子をきざみます。

太鼓は、使う場合と使わない場合があり、太鼓が入る場合は、大鼓にかわって基本の拍子をきざみ、音楽をリードする役目をもっています。躍動的ではなやかな印象をあたえます。

演奏者は、向かって右から能管・小鼓・大鼓・太鼓の順にならぶ。大鼓と小鼓はいすに腰かけ、太鼓と能管は舞台の床にじかにすわって演奏する。

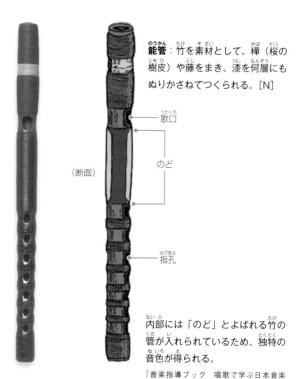

能管：竹を素材として、樺（桜の樹皮）や藤をまき、漆を何層にもぬりかさねてつくられる。[N]

（断面）

歌口

のど

指孔

内部には「のど」とよばれる竹の管が入れられているため、独特の音色が得られる。

『音楽指導ブック 唱歌で学ぶ日本音楽（DVD付き）』（日本音楽の教育と研究をつなぐ会 編著／徳丸吉彦 監修／音楽之友社）より 森田都紀作画の図を元に作成

©ZUMAPRESS／アフロ

五人囃子は、能楽の稽古にはげむ少年たち

3月の「桃の節供」にかかせないひな人形には、「五人囃子」がセットされているものがあります。かれらがもっている楽器が、能で使われる楽器です。

| 太鼓 | 大鼓 | 小鼓 | 能管 | 謡 |

ひな人形も能の舞台と同じ順番でならべられている。

胴　調べ緒　打面

小鼓：桜の木をくりぬいてつくられた、砂時計のようなかたちのたて長の胴を馬の皮ではさみ、麻のひもを通して結びつけてある。この麻のひもを「調べ緒」という。この調べ緒を強くにぎると高い音が、ゆるめると低い音が出る。

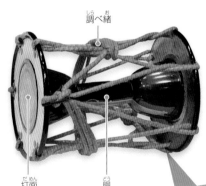

調べ緒　打面　胴

大鼓：構造は小鼓と同じで、小鼓よりも大きい。しかし、小鼓より大きい音を出す。

小鼓も大鼓も
ばちでなく、
手で打つんだね。

調べ緒をほどくと、胴と打面（皮）に分けられる。[N]

打面　調べ緒　胴　ばち

太鼓：欅をくりぬいた胴を牛の皮ではさみ、調べ緒でしめあげる。演奏するときは、専用の台に固定して、2本のばちで打つ。

歌舞伎の舞台を
もりあげる楽器

黒御簾内で長唄をうたう人と三味線をひく人（あわせて「長唄連中」という）が演奏するようす。　©松竹株式会社

歌舞伎では、音楽が
舞台をつくりあげる
たいせつな役目をはたします。
演じられている場面がどういう
場所なのか、どんな天気なのかなど、
また登場人物の性格なども、
さまざまな楽器を使って表現します。

「黒御簾」の内側から舞台をささえる

　歌舞伎の舞台をささえる音楽を「下座音楽」といいます。舞台下手（客席から見て舞台の左がわ）の黒御簾とよばれる小部屋＊のなかで演奏されます（→１巻24ページ）。

　下座音楽は、大きく３つに分けられます。ひとつは「うた」（長唄）とよばれ、三味線などで伴奏される歌詞のついた曲です。ふたつめは「合方」とよばれるもので、うたのない三味線曲のこと（うたが入る場合もある）。うたも合方も三味線を使い、鼓や笛など「鳴りもの」とよばれる楽器（→18ページ）が加えられることも多いです。

＊窓に黒い御簾（すだれ）がかかっていて、客席からは、なかが見えず、内側からは舞台のようすが見えるようにつくられている。

上の写真の人たちがひいている三味線は、細棹ね。

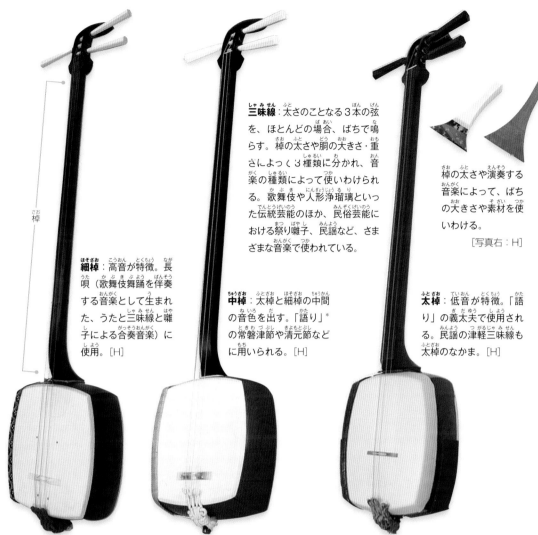

棹

三味線：太さのことなる３本の弦を、ほとんどの場合、ばちで鳴らす。棹の太さや胴の大きさ・重さによって３種類に分かれ、音楽の種類によって使いわけられる。歌舞伎や人形浄瑠璃といった伝統芸能のほか、民俗芸能における祭り囃子、民謡など、さまざまな音楽で使われている。

棹の太さや演奏する音楽によって、ばちの大きさや素材を使いわける。

［写真右：H］

細棹：高音が特徴。長唄（歌舞伎舞踊を伴奏する音楽として生まれた、うたと三味線と囃子による合奏音楽）に使用。［H］

中棹：太棹と細棹の中間の音色を出す。「語り」*の常磐津節や清元節などに用いられる。［H］

太棹：低音が特徴。「語り」の義太夫で使用される。民謡の津軽三味線も太棹のなかま。［H］

＊三味線音楽は、メロディーを重視した表現の「うた」と、三味線の音とともに言葉に抑揚や旋律をつけて太夫（語り手）が語る「語り」の大きく２系統に分けられる。

舞台に出て演奏

　歌舞伎の音楽は、黒御簾のなかで演奏されるほかに、演目によっては、舞台に出て演奏されるものもあります。

　人形浄瑠璃の脚本がもととなった義太夫狂言で使われる音楽は「義太夫」といい、人形浄瑠璃の舞台（写真右）と同じように、太夫（語り手）と三味線奏者が舞台上手の床で、語りと演奏をします。

　歌舞伎舞踊（所作事）にかかせない音楽の「常磐津」や「清元」も、踊り手と同じ舞台にならんで演奏します。

　「長唄」も、舞台に出て演奏されることがあります。三味線をはじめ、大鼓・小鼓・太鼓・笛など、大人数で編成され、にぎやかで軽快な調子で演奏されるのが特徴です。

©共同通信社　ユニフォトプレス

人形浄瑠璃の太夫（語り手）と三味線奏者。人形芝居がおこなわれる場所とは別の、「床」とよばれる場所で、感情をこめて語られる。通常は太夫ひとり、三味線奏者ひとりで演奏する。

歌舞伎独特の楽器演奏「鳴りもの」

「鳴りもの」とよばれる楽器は、能でいうところの「四拍子」（能管・小鼓・大鼓・太鼓→14ページ）や篠笛、大太鼓などです。うたや合方で三味線といっしょに演奏するときには、テンポや拍子をわかりやすくしめす役割をもち、曲の雰囲気をもりあげます。鳴りものをあつかう人を「囃子方」といいます。

さらに、下座音楽でいう「鳴りもの」は、情景描写や場面の状況、主人公の喜怒哀楽、季節や時間、役者の舞台への出入りなどを表現するという役割をもっています。雨や風の音や、亡霊などあやしい者の登場などに、いろいろな道具をくふうして音をつくります。

本釣鐘：寺院の鐘をまねてつくられた楽器。時を知らせる鐘の音や、夕暮れの雰囲気などを出すときに使う。

締太鼓

銅鑼：皿状の青銅製の本体をひもでつり、タンポ（綿などを丸めて布でつつんだもの）のついたばちなどで、中央の突起部分を打ちならす。時を知らせる鐘の音を出すときなど釣鐘のかわりに使ったり、縁をばちでたたいて合戦のときの効果音にも用いる。

駅路：ドーナツ状の金属の輪を3〜4こひもにつるし、ふって音を出す。宿場町を連想させる場面や馬のいななきなどに用いられる。[H]

オルゴールって、どんな音色なんだろうね。

オルゴール：お椀型の仏具の鈴を3〜4個、垂直に固定し、木製の球がついたばちや棒状のばちで打って鳴らす。蝶や虫の飛ぶ場面などに使われる。[H]

黒御簾のなかで演奏をしているようす。すだれをとおして舞台が見えるようになっている。

©松竹株式会社

大太鼓　**篠笛**：篠竹とよばれる細い竹にいくつかのあなをあけ、内側に漆をぬっただけのシンプルなつくりの楽器。基本の音の高さによって、長いものから短いものまで12種類（一本調子～十二本調子という）がある（数字が大きくなるほど管が短くなり、出せる音は半音ずつ高くなる）。歌舞伎の伴奏音楽だけでなく、民俗芸能、落語の出囃子など幅広く用いられている。[N]

お祭りのときによく見る笛だね。

大太鼓でつくる、いろいろな音

鳴りもののなかでも、大太鼓は重要な役割をもっています。ばちの長さや太さ・打ち方をかえることで、その場面がどういう場所なのか（川＝水音／海＝波音）、どんな天気なのか（風音／雪音）などを表現します。

風の音	長いばちで「バタバタバタ　バタバタ　バタバタバタ　バタバタ」
波の音	長いばちで「ズンズンズンドンドン　ドーン」
雪の音	綿でくるんだ布で先をつつんだばちでゆっくり「ドーン　ドーン　ドーン」
幽霊の音	やわらかいばちで「ドドドッ、ドドドッ」

ポプラディア情報館「伝統芸能」（ポプラ社）より

音による表現「ツケ打ち」

舞台上手に、ツケ板とよばれる四角い木の板が置かれています。その板を2本の拍子木のようなものでたたくことを「ツケ」を打つといいます。また、男性か女性か、大人か子どもかなど、役がらによっても音を打ちわけて印象づけます。ツケを打つのは大道具の人ですが、「ツケ打ち」とよばれる専門職の人もふえてきました。

ツケ打ち：山崎徹

役者が走るときの足音や、見せ場にあわせて「バタバタバタ」という効果音をいれる。

三味線のひみつ

三味線は、中国の三弦が元になり、この楽器が琉球（いまの沖縄）にわたって三線となり、16世紀後半に日本にもたらされて三味線になったといわれています（→１巻20ページ）。

日本独特の三味線

三味線は、四角い胴に細長い棹がつき、３本の糸がはられています。胴は音を共鳴させる部分のこと。猫や犬の皮がはられ、棹は紅木などのかたい木でつくられています。

ところが、三味線の元になったといわれている中国の三弦と沖縄の三線の胴体には、ニシキヘビの皮がはられています。

独特のかたちをしたばちは、琵琶のばちが原型です。三味線を最初に演奏したのが、琵琶法師だったからともいわれています（→22ページ）。かれらは、いちょうのようなかたちをしたばちで弦を打つようにひくため、三味線は、打楽器的な音もそえるようになりました。

なお、三弦と三線はつめをつけて演奏します。

ばち［H］

中国の三弦：沖縄の三線の棹を長くしたようなかたちで、大中小の３種類の大きさがある。べっこうやプラスチック製のつめを指に固定し、弦をはじいて演奏する。写真は小三弦。［M］

沖縄の三線：専用のばちを指にはめて弦をはじいて演奏する（→28ページ）。

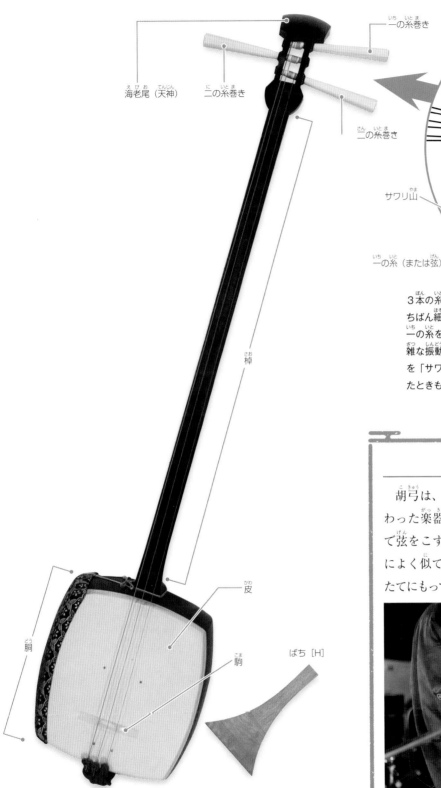

いち　いとま
一の糸巻き

えび お　てんじん
海老尾（天神）

に　いとま
二の糸巻き

さん　いとま
三の糸巻き

さお
棹

サワリ山
やま

いち　いと　　　　げん
一の糸（または弦）

かみごま
上駒

3本の糸のうち、一の糸がいちばん太く、三の糸がいちばん細い。一の糸はサワリ山に直接ふれているため、一の糸をはじくと、サワリ山に糸が不規則にふれて複雑な振動がおこり、ビーンと共鳴した音になる。これを「サワリ（の音）」という。二の糸、三の糸をはじいたときも、一の糸が共鳴してひびき音がなる。

かわ
皮

どう
胴

こま
駒

ばち［H］

にほん　　しゃみせん
日本の三味線：いちょう形のばちで弦をはじいて演奏する。「サワリ」とよばれる複雑な音色が特徴的で、このサワリが、三味線独特の複雑な音色をつくりあげている。［H］

日本の楽器「胡弓」
にほん　がっき　　こきゅう

胡弓は、江戸時代のはじめごろに中国から伝わった楽器です。馬の尻尾の毛でできている弓で弦をこすって音を出します。かたちが三味線によく似ていますが、三味線よりずっと小さく、たてにもって演奏します。歌舞伎でも使われます。

「琵琶」とよばれる楽器のおもしろさ

琵琶は、歴史が古く、時代とともにさまざまな種類が生まれました。それぞれに特徴があり、かまえ方や演奏方法などもことなっています。

さまざまな種類の琵琶

琵琶には、大きくふたつの流れがあります。

ひとつが、いまから1000年以上前に雅楽の楽器として中国から伝わった「楽琵琶」(→9ページ)。いまでも雅楽の演奏に使われます。楽琵琶は、やがて「琵琶法師」とよばれる目の不自由な音楽家たちの手にわたり、『平家物語』を語るときの伴奏に用いられるようになります。これが「平家琵琶」です。

もうひとつは、九州地方を中心に盲目の僧たちが経をとなえながら、各地をまわったときに伴奏楽器として用いられた琵琶で、これを「盲僧琵琶」といい、のちの「薩摩琵琶」「筑前琵琶」の元となりました。

楽琵琶以外は語りの伴奏として使われることが多く、ほかの楽器との合奏はほとんどおこなわれません。

平家の物語を語る琵琶法師

『耳なし芳一』は、江戸時代に書かれた本をもとに、小泉八雲*が書いた怪談話です。芳一が琵琶をかなでて語っていたのは『平家物語』。平家琵琶とよばれる琵琶を伴奏に、平家と源氏の歴史を語るのです。平安時代ころから、琵琶を演奏するお坊さんを琵琶法師とよび、のちに琵琶演奏を専業とする目の不自由な人たちのことをそうよぶようになりました。芳一も、琵琶法師のひとりだったのです。

*1850年、ギリシャ生まれ。日本国籍を取得して和名を名乗る。本名は、パトリック・ラフカディオ・ハーン。学者、小説家。

山口県下関市にある赤間神宮は、かつて耳なし芳一が住んでいたといわれ、いまでもお堂をもうけ、毎年琵琶供養祭がおこなわれている。

楽琵琶：雅楽で使われている琵琶。水平にかまえ、箏とともに合奏のリズムをとる役割をになう。[H]

ばち[H]

筑前琵琶を演奏するようす。9ページの楽琵琶や、下の耳なし芳一がひいている平家琵琶とことなり、琵琶をたてに立ててかまえてひいているのがわかる。薩摩琵琶もたてにかまえてひく。

奏者：川村旭芳

弦が4本のものが多いけど、5本のものもあるんだね。

盲僧琵琶：持ちはこびが便利なように、楽琵琶よりも小型になっている。[M]

ばち[M]

平家琵琶：楽琵琶をひとまわり小さくしたもの。楽琵琶と同じように水平にかまえる。[N]

頸

胴

ばち[平曲研究所／鈴木まどか]

薩摩琵琶：戦国時代のはじめ、薩摩地方（鹿児島県）に生まれ、武士の教養のためのひき語りに用いられた。演奏者は琵琶をたてに立ててかまえ、扇状の大きなばちで弦をたたきつけるようにひく。[N]

ばち[H]

筑前琵琶：明治時代のなかごろに筑前地方（福岡県）で生まれた。薩摩琵琶よりやや小型。女性の演奏者も多く、上品で優美な旋律が特徴。薩摩琵琶と同じようにたてに立ててかまえる。[H]

ばち[川村旭芳]

一尺八寸だから「尺八」

尺八は、真竹という竹の根っこに近い部分でつくられています。もっとも多く使われている楽器の長さが一尺（約30cm）と八寸（約3cm×8）であることから、その名がついたといわれています。

尺八のルーツ

尺八も、奈良時代に中国から伝わり、雅楽に用いられた楽器です。貴族のたしなみとして用いられていましたが、平安時代には雅楽の編成からはずされるようになり、やがて使われなくなってしまいました。

室町時代から江戸時代初頭にかけて、中国から伝えられたといわれる、管の長さが一尺八寸よりも短い尺八が流行します。「一節切」とよばれたこの尺八は、音量が小さく音域がせまいこともあり、しだいに衰退してしまいます。

現在の尺八が登場するのは、江戸時代です。仏

尺八をふく虚無僧。

教宗派の禅宗の一派である普化宗と結びつき、虚無僧とよばれる僧侶たちが修行のためにふくようになりました。これを「普化尺八」とよびます。明治時代になると普化宗がとだえてしまい、尺八は仏教で用いる道具ではなく、独立した楽器となり、民衆に広まっていきました。

一節切：竹の節がひとつしかなく、33cmほどの短い尺八。指孔は、前に4つ、うしろにひとつ。この尺八が元となり、普化尺八が生まれた。[N]

前　　うしろ

「首ふり3年、コロ8年」

尺八は、「はじめの3年間でやっと首をふりふりよい音が出せるようになり、こまかい指の動きでコロコロという奏法ができるようになるまでには8年かかる」といわれるほどむずかしい楽器です。「首ふり3年、コロ8年」は、そうした意味ですが、「どんな道でも、一芸に秀でるには長い年月のたゆまぬ努力が必要だ」というたとえにも使われます。

歌口といわれる管のはしを口元におしつけながら息をふきこむ。くちびるの向きやあごに当てる角度を調節しながら音をつくっていく。

尺八の音は、竹林をぬう風の音に似ているともいわれる。竹は、まっすぐにのびて、なかは空っぽ。尺八の、息の音がまじった微妙な音色や独特の音のおもしろさが好まれ、いまでは世界から関心が集まっている。

長くなればなるほど低い音が出せるんだって。

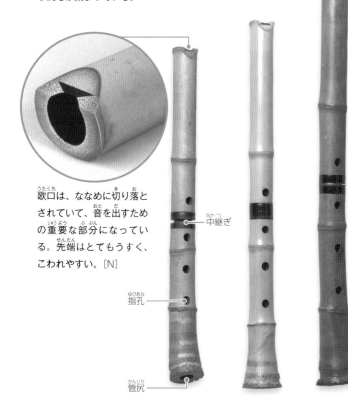

歌口は、ななめに切り落とされていて、音を出すための重要な部分になっている。先端はとてもうすく、こわれやすい。[N]

中継ぎ

指孔

管尻

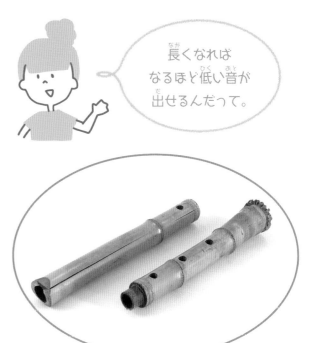

普化尺八：根元から7節分の竹を使い、内側の節を取りのぞいてつくられる。さまざまな長さがあり、短いと一尺一寸（約33cm）、長いと三尺（約91cm）をこえるものも。もともとはひとつながりになっていたが、現在の尺八は、上の写真のように中央の「中継ぎ」とよばれる部分でふたつに分かれるようになっている。[N]

祭り囃子や盆おどりに
かかせないのが太鼓

太鼓は、祭り囃子や
盆おどりで使われるほか、
神社や寺院にも置かれていて、
とてもなじみの深い楽器です。

すいぶん長いばちで
たたいているね。

いろいろな太鼓

　太鼓は、皮のはり方によって、大きく2種類
に分けられます。
　ひとつは、鼓面（皮）のふちを木製のたる形
の胴に鋲でとめてある太鼓（→長胴太鼓など）。もう
ひとつは、円形の枠に皮をはり胴に当て、ひも
や縄などでしめる太鼓です（→締太鼓、桶胴太鼓など）。
原則として木のばちを使って両手で打ちます。

太鼓によって、
音もちがうんだよ。

桶胴太鼓：杉や檜などの板をはりあわせて桶のようにして胴をつくり、
牛などの皮でできた鼓面ではさみ、麻のひもを通して鼓面どうしを結
ぶ。このひもを「調べ緒」といい、しめ方で、音色や音の高さを調整
する。比較的軽く、肩から下げて、かついでたたくことができる。

青森県の青森ねぶた祭では、それぞれのねぶたの団体に囃子方（太鼓・鉦・笛）がつき、祭りの最初から最後までそろって同じ調子で太鼓がたたきつづけられる。

©石田義正／アフロ

コンチキ

祭りによく使われる楽器に「当たり鉦」（下の写真）があります。皿のようなかたちをしていて、鹿の角などがついたばちで内側を摺るようにたたきます。「摺り鉦」ともいいましたが、「摺る」は縁起が悪いので改名されたといいます。全国の祭囃子のルーツでもある京都の祇園囃子の象徴ともいえる「コンチキチン」は、この鉦の音をあらわしたもの。鉦自体を「コンチキ」とよんでいます。

締太鼓：強く、はなやかな高音で、能、歌舞伎、祭り囃子などに用いられる。多くは、鉄輪に皮をはり、ロープでしめあげた太鼓になっている。最近はボルトを利用したものも登場。しめ方により、音の調節をすることが可能。強くしめるほど高音が出る。

長胴太鼓：鼓面の直径よりも胴のほうが長いのでその名がついた。太鼓のなかでもっとも一般的なもの。胴が木をくりぬいてつくられるので「くりぬき太鼓」とも、神社仏閣で使われることが多いことから「宮太鼓」ともいわれる。

沖縄・奄美地方で使われる楽器

かつて沖縄県や鹿児島県の奄美群島は、「琉球」という国をかたちづくっていました。本州とことなる文化をもつこれらの地域の音楽にかかせない、独特の楽器があります。

家宝としてたいせつにされた三線

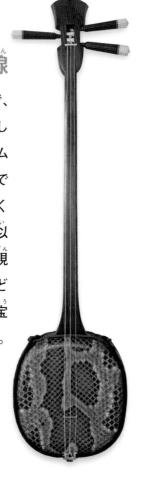

三味線は江戸時代、本土で、庶民の楽器という位置づけでしたが、沖縄で三線は士族（サムライ）がたしなむ高貴な楽器でした。沖縄で庶民が三線をひくようになったのは、明治時代以降のことといわれています。現在では、一家にひとつあるほど普及し、庶民のあいだでも家宝としてたいせつにされています。

三線と三味線とでは、音色がちがうのかな。

三板：名前のとおり、3枚の板（多くは木製）をひもで結んでつくられた打楽器。左手の親指から薬指まで、それぞれのあいだに板をはさみ、親指と小指であいだの板を打ちあわせたり、右手でかきならしたりする。[N]

パーランクー：片面だけに牛皮などをはった鋲打ち太鼓。片手でにぎれるようにふちが厚い。左手で太鼓をもち、右手でばちをもって演奏する。エイサーにも使われる。

三線の胴の部分は、ニシキヘビの皮がはられている。専用のばちを指にはめて、ばちを弦に対して垂直に下におろすようにひく。

エイサーは沖縄の盆おどりなんだよ。ぼくも見たことがあるよ。

©OCVB

歌とおどりをいろどる楽器

沖縄や奄美の音楽を特徴づける、生き生きとしたリズムは、さまざまな打ちものによって生みだされ、独特の雰囲気をつくりあげています。

エイサー用の締太鼓：沖縄では「シメデークー」ともよぶ。能や長唄の囃子などで使う締太鼓より少し小柄で、手にもってたたく。

四つ竹：長方形に切りそろえたふたつの竹をうらおもてにして両手にもち、てのひらを開閉して打ちならす。おもに琉球古典舞踊で使われるほか、エイサーの手おどりでも使う地域がある。[H]

エイサー用の大太鼓：沖縄では「ウフデークー」ともよぶ。和太鼓のほとんどは太鼓を固定して両手で打つが、エイサーでは帯布を使って肩からつりさげ、片手で太鼓を打ちならしておどりあるく。

唱歌をうたってみよう

唱歌*は、楽器の音を口まねして、リズムや旋律を学んでいく方法です。この本の最後は、箏（こと）の唱歌を見てみましょう。

「さくらさくら」の唱歌

「さくらさくら」の旋律は、古くから子ども用の箏の手ほどき曲に用いられてきました。日本の多くの楽器と同じように、箏を演奏するうえで、唱歌は密接な関係があります。唱歌をうたうことで、旋律の特徴をつかみ、曲全体の流れを感じとるのです。

箏では、「テン」を基準として、「チン」は1弦上の音、「ツン」は1弦下の音、2弦以上はなれた下の音は「トン」であらわします。「テ」であれば8分音符のような短い音、「テーン」なら付点音符や2分音符のような長い音。そのほか隣接した3本の弦を高いほうから低いほうへ順にひいてできる音型（奏法）の「コロリン」などがあります。

ここでは「ツンツンテン」の唱歌をうたうことで、唱歌の特徴を感じてみましょう。

● 箏の基本の音階（平調子／「一」の糸が「レ」の場合）

「さくらさくら」の譜面例

《さくらさくら》 壱越平調子

唱歌	糸の名称	歌詞	唱歌	糸の名称	歌詞
シャン	五六		ツン	七	さ	為	か	七	の
テン	十		テン	七	く	巾	す	八	や
シャン	五六		テ	八	ら	巾	み	九	
テン	十		テ	●	か	巾	か	八	
シャン	五六		ツン	七	さ	為	く	七	
コロ	、十九		テン	七	く	巾	も	八	と
	八		テ	八	ら	為	斗	七	ヲ
	七		テ	●		リ	斗	六	か
スリ	←	は	オ	九	て	十	あ	七	さ
ウロロ	巾為斗		テ	十	ア	九	わ	七	く
	斗		テ	斗	な	十	ひ	八	ら
	●		チ	斗	に	斗	に	六	す
シャン	五十	ざ		巾	に	十	か	七	
	●		リ	斗	か	十	おヲ	五	く
	●		テ	十	り	九		八	ら
○	●			●		●			

『音楽指導ブック 唱歌で学ぶ日本音楽（DVD付き）』よりの譜例（譜例・唱歌監修：深海さとみ　譜例作成：平田紀子・長谷川慎）を元に作成
監修／音楽之友社
（日本音楽の教育と研究をつなぐ会　編著／徳丸吉彦）

一から十の漢数字と「斗・為・巾」は、十三絃箏の糸の名称をあらわしている。箏の糸は演奏者の向こう側から「一、二、三、四、五、六、七、八、九、十、斗、為、巾」とよばれている。

低い音 ↑　↓ 高い音
奏者側

一 二 三 四 五 六 七 八 九 十 斗 為 巾
（いち　に　さん　し　ご　ろく　しち　はち　く　じゅう　と　い　きん）

*「唱歌」とは、擬音化した楽器の旋律を声に出す稽古法のこと。練習では、師匠が唱歌をうたい、それを弟子がきき、次にいっしょにうたう。弟子は、ひとりでうたえるようになるまで、くりかえしうたいつづける。唱歌をおぼえると、旋律やリズム、奏法、装飾音、強弱などさまざまな情報を得ることができる。

さくいん

本文・コラムおよび写真のキャプションから
伝統音楽に関係する用語をのせています。

■監修

京都市立芸術大学 日本伝統音楽研究センター

監修にあたってのあいさつ

　京都市立芸術大学日本伝統音楽研究センター（通称：でんおん、伝音センター）は、日本の伝統文化を音楽・芸能の面から総合的に研究する国内唯一の公的研究機関です。2000年4月に開設され、2020年に20周年を迎えます。20周年のふしめにあたり、将来の日本文化の担い手となる子どもたちに向けた「日本の伝統音楽」シリーズに監修のかたちでお手伝いできたことをとてもうれしく思います。

　伝音センターは、伝統文化が集積する京都の立地を活かし、国内外の研究者・研究機関・演奏家等と提携し、学際的な共同研究を定期的におこなっています。研究成果は、出版物のほか、公開講座・伝音連続講座・伝音セミナーを定期的に開催し、解説や実演をまじえて市民に提供。また貴重な音源・楽器・文献などの資料収集にもつとめています。所蔵資料は，図書室での閲覧提供もおこなっています。伝音センターの詳細や活動については，ホームページでもご覧いただけます。日本の伝統音楽・芸能に関心のある方は、ぜひ子どもたちとお訪ねください。

日本伝統音楽研究センター所長　渡辺信一郎

武内恵美子（第1巻担当）
日本伝統音楽研究センター准教授（音楽学、日本音楽史）

藤田隆則（第1巻担当）
日本伝統音楽研究センター教授（民族音楽学、日本音楽史）

田鍬智志（第2巻担当）
日本伝統音楽研究センター准教授（日本音楽史、民間芸能）

竹内有一（第3巻担当）
日本伝統音楽研究センター教授（日本音楽史、近世邦楽）

齋藤桂（第3巻担当）
日本伝統音楽研究センター講師（音楽学、日本音楽史）

〒610-1197　京都府京都市西京区大枝沓掛町13-6
https://rcjtm.kcua.ac.jp/

■編集・デザイン
こどもくらぶ（二宮祐子、見学さやか、矢野瑛子、高橋博美）

■企画・制作
株式会社エヌ・アンド・エス企画

■校正
渡邉郁夫

■楽器写真提供
H：浜松市楽器博物館
M：MIN－ON
N：日本伝統音楽研究センター蔵田邉尚雄・秀雄楽器コレクション
R：伶楽舎

■写真提供
川村旭芳
山崎徹

■写真協力
(p4) FTO / PIXTA、hyde / PIXTA、ヘルメス / PIXTA、川村旭芳、pam / PIXTA　(p5) omni / PIXTA、oriken / PIXTA、asula / PIXTA　(p15) nobmin / PIXTA (p18) asula / PIXTA　(p21) 絵夢島 / PIXTA　(p25) hyde / PIXTA　(p26) nissa / PIXTA　(p27) ヘルメス / PIXTA、kikisorasido / PIXTA　(p28) 沖縄美人 / PIXTA (p29) イチロー / PIXTA

※上記以外はそれぞれの写真にクレジットを記載。

■おもな参考図書・参考資料
『ポプラディア情報館　伝統芸能』（監修／三隅治雄　ポプラ社）
『点描　日本音楽の世界』（著／久保田敏子　白水社）
『音楽指導ブック　唱歌で学ぶ日本音楽(DVD付き)』（日本音楽の教育と研究をつなぐ会　編著／徳丸吉彦　監修／音楽之友社）
『日本の伝統楽器　知られざるルーツとその魅力』（若林忠宏　著／ミネルヴァ書房）

文化デジタルライブラリー
https://www2.ntj.jac.go.jp/dglib/
日本の伝統芸能（芸団協）ホームページ
https://www.geidankyo.or.jp/12kaden/entertainments/index.html

この本の情報は、2020年1月までに調べたものです。今後変更になる可能性がありますので、ご了承ください。

知りたい！　日本の伝統音楽②

見てみよう！　日本の伝統楽器

2020年3月30日　初版第1刷発行　　〈検印省略〉

定価はカバーに表示しています

監　修	京都市立芸術大学 日本伝統音楽研究センター
発 行 者	杉　田　啓　三
印 刷 者	藤　田　良　郎

発行所　株式会社 **ミネルヴァ書房**
607-8494　京都市山科区日ノ岡堤谷町1
電話 075-581-5191／振替 01020-0-8076

©こどもくらぶ, 2020　印刷・製本 瞬報社写真印刷株式会社

ISBN978-4-623-08884-3
NDC768/32P/27cm
Printed in Japan

知りたい！日本の伝統音楽

全3巻

監修／京都市立芸術大学 日本伝統音楽研究センター
27cm32ページ　NDC768
オールカラー　小学校中学年〜中学生向き

①調べよう！　日本の伝統音楽の歴史

②見てみよう！　日本の伝統楽器

③受けつごう！　伝統音楽の今後

おもしろくて役に立つ！

ミネルヴァ書房の絵本
小学生中学年〜中学生向き